344

DU

DIVORCE

PAR A.-F. OZANAM,

Docteur en Droit.

PARIS,

JACQUES LECOFFRE, LIBRAIRE,

RUE DU VIEUX-COLOMBIER, 29.

—

1848

DU DIVORCE.

Quand M. le ministre de la justice est venu proposer à l'Assemblée nationale le rétablissement du divorce, nous avons cru qu'il mettait la morale publique en péril : nous commençons à penser qu'il la sauvait. La proposition du divorce ressemble à ces tentatives d'émeute qui sauvent l'ordre en armant pour lui tout un peuple, dont on ne connaissait pas assez l'union. De même, ce premier essai de désordre dans la loi a déjà armé contre lui l'honnêteté publique, et par l'opposition qu'il rencontre dans l'Assemblée on peut juger qu'il mettra la conscience publique en demeure de se montrer. Ici donc, comme aux jours d'émeute, nous savons que la bonne cause n'a pas besoin de nous. Cependant, nous tenons à honneur de nous rendre au rappel, assurés que plus la société aura de soldats, plus le combat sera court et la victoire clémente.

La proposition du divorce se produit pour la quatrième fois dans nos assemblées législatives. En 1792 et en 1802 on en fit une question de morale, et le divorce fut admis comme conséquence du contrat social. En 1831 on en fit une affaire de liberté religieuse, et le divorce fut demandé en haine de la religion d'État qui venait de périr. En 1848, la question morale et religieuse est en même temps politique : on propose le divorce comme une des institutions nécessaires de la démocratie. Nous étudierons la proposition sous ces trois formes, et nous combattrons le divorce comme attentatoire à la famille et à la société, comme contraire à la liberté de conscience, comme opposé à l'esprit même des institutions démocratiques. La première étude ne nous arrêtera qu'un moment à cette hauteur de vues philosophiques où il est heureux que les esprits voués aux affaires soient ramenés de loin en loin. La seconde étude nous engagera dans une discussion historique où nous aurons à redresser beaucoup d'erreurs. La troisième nous conduira à la critique de la loi jusque dans ses derniers détails.

Les législateurs de 1792 ne reconnurent dans le mariage qu'un contrat; et, partant de ce principe que nul ne peut aliéner à perpétuité sa liberté personnelle, ils conclurent que le contrat matrimonial se dissout par les mêmes volontés qui le formèrent. Voilà pourquoi ils permirent le divorce pour *cause d'incompatibilité d'humeur et de caractère*, et livrèrent la durée de l'union conjugale à toute l'inconstance, non pas même des passions, mais des caprices. Les rédacteurs du Code civil eurent horreur de cet excès, et en considérant le mariage comme un contrat, ils ne permirent point de le confondre avec les conventions ordinaires. Ils y firent intervenir comme partie intéressée, l'État, sans la participation duquel le mariage ne put se dissoudre. Ils le rendirent juge du divorce *pour causes, déterminées*, et témoin des longues épreuves auxquelles ils soumirent le divorce par *consentement mutuel*.

C'était beaucoup pour une société toute pénétrée du matérialisme du dix-huitième siècle, et toute souillée de cinquante ans de dissolutions. Ce serait bien peu pour la France de 1848, pour un peuple spiritualiste, et qui pousse jusqu'où nous l'avons vu, la haine de l'égoïsme et la passion du dévouement.

Comme tous les spiritualistes, nous voyons dans le mariage plus qu'un contrat : nous y reconnaissons un sacrifice, et c'est pour cette raison que chez tous les peuples il a voulu des autels pour témoins et des dieux pour vengeurs. Là même où, par une économie qui peut se justifier, le magistrat reçoit la déclaration des époux comme un acte purement civil, assurément s'il porte le cœur d'un honnête homme sous l'écharpe municipale, il n'intervient pas au mariage comme à une adjudication ou comme au bail des biens communaux.

Il y a donc dans le mariage un sacrifice, ou plutôt il y en a deux. La femme sacrifie ce que Dieu lui a donné d'irréparable, ce qui faisait la sollicitude de sa mère. Elle sacrifie toujours sa première beauté, souvent sa santé, et enfin ce pouvoir d'aimer qu'elle n'a ordinairement qu'une fois. Le veuvage même qui lui rend la libre disposition de sa main, n'a pas la puissance de lui rendre ce charme que le monde respecte et que les hommes les plus gâtés subissent. L'homme, en retour, sacrifie sa liberté, il la sacrifie plus nécessairement, plus irrévocablement qu'on ne pense. L'homme, arrivé au terme de son éducation, dans toute la force de son corps et de son esprit, maître de lui-même, se lasse bientôt de s'appartenir. Il est tourmenté d'un besoin infini de se donner, et s'il ne se donne pas tout entier à Dieu dans le service de la prière, ou à la société dans le service des armes, un inexorable ennui ne lui laisse pas de paix qu'il n'ait trouvé au monde une créature qu'il ne connaissait pas hier et à laquelle il est heureux, si elle le veut bien, de se consacrer pour toujours. Et, en effet, il ne dépend pas de lui de se donner à demi. Le moment où l'homme dispose de son cœur est aussi celui où il dispose de sa destinée. Tout son avenir dépend du choix de la personne qui sera désormais l'inspiratrice et peut-être la compagne de ses travaux, auprès de laquelle il viendra chercher le conseil des moments difficiles et la consolation des jours mauvais. Le mariage ne fixe pas seulement la couche et le foyer, il décide de la carrière, il entame la vie. Rien ne rendra plus à l'homme ces incomparables années de sa jeunesse, où il ne voyait que des routes ouvertes, cet essor de l'imagination, capable de tout, excepté de désespérer, et cet effort d'un premier amour qui peut tout vaincre pour faire à autrui un sort glorieux et doux. S'ils savent ce qu'ils font, les deux époux sacrifient toutes ces choses, ils sont heureux de les sacrifier : ils n'ont pas besoin, ils ne peuvent pas souffrir qu'aucune loi vienne les protéger contre eux-mêmes, leur interdire l'aliénation à perpétuité de leur personne, changer le don en louage à terme, et faire du mariage un marché.

Mais ce double sacrifice, les époux ne se le font pas seulement l'un à l'autre, ils le font à d'autres personnes absentes et inconnues : aux enfants à naître en faveur desquels ils consentent à subir toutes les charges et toutes les douleurs de la vie domestique, à donner jusqu'à la dernière veille de leurs nuits, jusqu'à la dernière goutte de leurs sueurs et de leur sang. Ces personnes absentes ne surviennent pas toujours, elles sont toujours possibles. Les enfants nés ou à naître sont les créanciers perpétuels de l'association conjugale. Elle leur doit premièrement la vie, l'éducation jusqu'à la majorité, peut-être des aliments à tout âge, et assurément des conseils et des exemples. Elle leur doit ce que les époux divorcés ne peuvent plus tenir, lors même qu'ils ont fait de leurs enfants un partage impie. Voilà des tiers qui n'ont point pris part au contrat, dont il a fixé le sort, qui ne permettent pas de le résoudre, car ils peuvent moins encore que les parties contractantes être remis au premier état, restitués *in integrum*, comme parlent les jurisconsultes. Dieu même ne leur rendrait pas la paix du néant; il ne les déchargerait pas du lourd devoir de la vie, ni de cette immortalité dont leurs parents répondent. Le mariage n'a que des conséquences irréparables; la famille qu'il crée ne peut donc avoir que des liens indissolubles.

L'indissolubilité, qui fait la force de la famille, en fait aussi le modèle de toutes les sociétés politiques. Les sociétés n'ont que deux principes possibles, ou l'égoïsme et l'exploitation de tous au profit de chacun, ou le sacrifice et le dévouement de chacun au bien de tous. Le principe du dévouement domine les sociétés à mesure qu'elles deviennent plus parfaites, à mesure qu'elles appellent un plus grand nombre de citoyens à les gouverner, c'est-à-dire à les servir; et c'est en ce sens que Montesquieu professe que la vertu est le fondement nécessaire des républiques. Mais la famille est l'école même du sacrifice; c'est au chevet du lit de sa femme, au berceau de son enfant que l'homme apprend à se priver, à se contraindre, à se dévouer, qu'il apprend à vivre pour autrui, non pas conditionnellement, non pour un temps, mais à perpétuité, c'est-à-dire qu'il apprend tous les devoirs de la vie civile. Voilà pourquoi dans ce besoin de réforme, qui tourmente la société moderne, elle cherche à se rapprocher de la famille, à se modeler sur elle, à lui emprunter la fraternité qu'elle inscrit dans ses lois. Assurément, le moment serait mal choisi pour affaiblir cette sainte discipline de la vie domestique, pour en relâcher les nœuds, quand tout le travail du siècle est de resserrer les liens de chaque nation en faisant disparaître les inégalités qui divisaient les citoyens, et d'unir plus étroitement toute la race humaine, par les décrets qui abolissent l'esclavage et par les traités qui consacrent la solidarité des peuples.

Ainsi nous repoussons le divorce comme profanant le mariage où il introduit la polygamie successive, et ce qui est pire encore la polygamie de la femme, que les législations les plus relâchées n'ont jamais connue. Nous le repoussons comme exerçant sur la famille un pouvoir qui n'appartient qu'à la mort, comme violant les droits des enfants dont il fait des orphelins, et des orphelins qui n'ont pas même la pitié, qui n'ont que la défaveur des hommes. Nous le repoussons comme l'abolition du sacrifice dans la société, comme un exemple fait pour apprendre aux passions qu'il n'y a pas d'engagements si sacrés qu'elles n'aient le droit de dissoudre.

Le divorce trouve cependant deux sortes de défenseurs. Les premiers le soutiennent avec les rédacteurs du Code civil « non « comme un bien, mais comme le remède d'un mal, inutile chez « un peuple naissant dont les mœurs pures assureraient le bon- « heur des époux, nécessaire si l'activité des passions et le dérè- « glement des mœurs pouvaient entraîner la violation de la foi « promise et les désordres incalculables qui en sont la suite. » Les arguments de ces publicistes se réduisent à faire du divorce une consolation au malheur des mariages mal assortis, et un moyen de régulariser le scandale des mariages déshonorés.

Sans doute, nous reconnaissons tout ce qu'il y a d'inconsolables douleurs dans l'éternelle union de deux personnes irritées par des torts graves ou par l'incompatibilité de leurs caractères. Mais nous n'avons jamais vu qu'un devoir cesse d'être sacré parce qu'il devient douloureux, ni que la loi, par exemple, ait songé à dissoudre le lien de paternité parce qu'il y a des pères injustes et des fils ingrats. Bien plus, c'est précisément à cause du malheur des mauvais mariages que nous en voulons la perpétuité. Nous la voulons comme une menace capable d'arrêter les époux au moment d'une de ces offenses qui ne se pardonnent pas, capable surtout d'arrêter les parties contractantes à la veille de ces unions que l'intérêt forme sans prendre conseil du cœur, et qui se multiplieraient à l'infini dès qu'elles seraient réparables comme une mauvaise affaire et comme un faux calcul.

En ce qui touche le scandale, nous le souffrons dans les mœurs, mais nous le supportons pas dans les lois. Si malgré l'opiniâtreté des mœurs nos lois n'ont jamais consenti à régulariser l'homicide par le duel, nous ne comprendrions pas qu'elles consentissent à organiser l'adultère par le divorce. Tout l'effort des législations est de reproduire l'ordre providentiel qui régit les sociétés, par conséquent de proposer un idéal qui domine la réalité, qui tende sans cesse à relever le niveau de la moralité publique. Le mauvais exemple des déréglements que la société réprouve, qu'elle punit quelquefois, qu'elle gêne toujours, est bien moins dangereux que celui d'un désordre qu'elle autorise, qu'elle protége, qu'elle offre comme un refuge aux vertus faibles, comme un but aux vices qui calculent. Pensez-vous diminuer l'adultère quand vous aurez diminué la sainteté du mariage, quand vous aurez encouragé le mari infidèle en faisant du divorce la récompense de son infidélité, pourvu qu'il la pousse jusqu'à produire sa concubine dans la maison conjugale? Pensez-vous pourvoir à l'éducation forte que veut une génération républicaine, en l'élevant à des foyers que le divorce pourra éteindre, en l'habituant au spectacle de l'instabilité, à ne plus rien connaître d'éternel, ni par conséquent de respectable?

Ces prévisions du raisonnement se confirment par les faits. La statistique du divorce dans les contrées de l'Europe où la loi le permet, n'a jamais été complétement dressée. On n'en a pas besoin pour savoir que ces contrées donnent l'exemple d'une immoralité inconnue aux nations qui professent l'indissolubilité du mariage. Il n'est plus permis de se rejeter comme autrefois sur la corruption de l'Espagne et de l'Italie : personne n'oserait plus faire retomber le désordre d'une poignée de noblesse et de bourgeoisie, sur des peuples chastes, jaloux jusqu'à l'excès de la vertu de leurs femmes et de leurs filles. Au contraire, il y a longtemps que les protestants déplorent la licence des mœurs de Berne et de Genève. On ne connaît que trop le relâchement qui déshonore l'Allemagne, et qui fait que, dans les grandes villes, le chiffre des enfants naturels dépasse celui des enfants légitimes. Le nombre des naissances irrégulières croît avec celui des divorces qui, en 1837, s'éleva pour la Prusse à 2,391, sans parler de 1,497 demandes que les tribunaux rejetèrent. Ces progrès ont effrayé le gouvernement prussien, et ses jurisconsultes les plus consommés s'occupaient, il y a deux ans, de rendre la dissolution du mariage moins facile. La même question préoccupa le parlement anglais au commencement de ce siècle, et fit l'objet d'un débat dans lequel l'évêque de Rochester déclara que sur dix demandes en divorce pour cause d'adultère, il y en avait neuf où le séducteur était convenu d'avance avec le mari de lui fournir les preuves de l'infidélité de sa femme. Le mal en est venu à ce point de supposer la *conversation criminelle*, de la prouver par faux témoignage, pour obtenir la rupture d'une union détestée. Et en même temps, pour juger ce que peut le divorce contre le débordement du concubinage, on a la preuve qu'en 1830 Londres comptait 75,000 personnes vouées à la prostitution publique, tandis que Paris n'en avait que 12,000, et que Rome conserve encore aujourd'hui l'honneur de ne pas connaître cet autre « mal nécessaire » des États policés.

Mais le divorce trouve d'autres défenseurs qui le proposent, non comme une concession, mais comme un progrès, comme le premier pas d'une doctrine destinée à commencer par la famille la réforme de la société. Ces défenseurs sont les communistes de toutes les écoles. Si les saint-simoniens repoussaient le dogme de la communauté des femmes, on n'a pas oublié l'obscurité dont ils voilaient leur théorie du mariage, et le schisme qui éclata lorsque Enfantin déchirant le voile, enseigna « que celui-là ne serait « pas fils de Saint-Simon, qui voudrait prescrire à la femme une « loi et lui imposer des devoirs. » Les phalanstériens ont des mystères moins impénétrables, et dans la table des passions dressée par Fourier, à côté du *familisme*, qui tend à resserrer, à perpétuer les liens du sang, on trouve la *papillone*, qui est le besoin légitime de varier ses amours comme ses pensées. Il faut être juste envers les communistes icariens : M. Cabet se contente du divorce et maintient avec une fermeté méritoire la nécessité du mariage. Mais en respectant l'honorable inconséquence d'un certain nombre d'esprits décidés à trahir la logique plutôt que la morale, il est instructif de suivre des penseurs plus hardis et de voir jusqu'où ils pousseront la rigueur et la témérité des conclusions. C'est le mérite de la secte la plus avancée du communisme, de celle qui a pris le nom de *société des travailleurs égalitaires*. Ses doctrines sont résumées dans le procès-verbal a une séance tenue le 20 juillet 1841, où l'on arrêta les dogmes suivants : « Le MATÉRIALISME « doit être proclamé comme la loi inaltérable de la nature sur la« quelle tout se fonde, et qu'on ne saurait violer sans tomber dans « l'erreur. La FAMILLE doit être supprimée, parce qu'elle détruit « l'harmonie de la fraternité qui seule peut unir les hommes; et « qu'elle devient la cause de tous les vices qui les corrompent. Le « MARIAGE doit disparaître comme une loi injuste qui rend esclave « ce que la nature a rendu libre, et qui fait de la chair une propriété « personnelle. Par-là même il rend impossible la communauté des « biens et par conséquent le bonheur, puisqu'il est évident que la « communauté des biens ne supporte aucune sorte de propriété. »

Ces maximes ont de quoi soulever la conscience : le raisonnement ne peut rien contre la rigueur de leur enchaînement. Il faut proclamer le règne du matérialisme, quand on fait profession de réhabiliter tous les appétits, de supprimer la souffrance comme un abus des sociétés décrépites, et l'abnégation comme une doctrine introduite par les prêtres pour tenir les peuples dans l'obéissance. Il faut détruire la famille pour exterminer la propriété, dont la famille est l'éternelle racine : vainement décréterez-vous l'égalité des fortunes, tant que subsistera l'inégalité des charges que la paternité impose, et que les pères n'auront pas étouffé dans leur cœur le besoin de pourvoir après eux à la destinée de leurs enfants. Il faut surtout frapper le mariage pour en finir av.. ' un ordre social dont il est le nœud; et la loi du divorce est le pr.. .. acte de la politique régénératrice qui inaugurera la commun.. .. des femmes pour assurer la communauté des biens.

II.

La loi du 8 mai 1816 avait aboli le divorce. Le 11 décembre 1831, la proposition de M. de Schonen pour l'abrogation de cette loi fut adoptée par la chambre des députés à la majorité de 195 voix contre 70. Une seule pensée, on pourrait dire une seule passion, domina la discussion et entraîna le vote : c'était la haine de la religion d'État dont les vainqueurs d'alors avaient maudit le joug pendant quinze ans. Les développements que M. de Schonen donnait à sa proposition, le rapport de M. Odilon Barrot, le savant discours de M. de Salverte, qui tourna toute l'histoire contre le dogme de l'indissolubilité du mariage, tout le débat en un mot se réduisit à une question de liberté religieuse. Le divorce fut représenté comme le droit commun des sociétés policées, consacré par les lois judaïques et la jurisprudence romaine, toléré par le christianisme, jusqu'au moment où les papes, étendant leurs prétentions, firent de la doctrine de l'indissolubilité un moyen d'inquiéter la conscience des rois. Mais la liberté, disait-on, s'était réfugiée dans l'église grecque, jusque dans la catholique Pologne, enfin dans toutes les communions protestantes qui permirent la rupture de l'union conjugale. En présence de ces contradictions, l'abolition du divorce était une invasion du dogme dans le domaine du droit, un acheminement à la loi du sacrilége, une oppression des consciences.

Lorsqu'on ouvre les journaux du temps et qu'on se donne le spectacle de cette discussion mémorable, on s'étonne de l'emportement de ces passions irréligieuses que nous ne connaissons plus, et il faut bien avouer que l'Église eut plus à craindre des derniers serviteurs de la royauté que des combattants de la République. Mais en reconnaissant que la défense du divorce, telle que la présentèrent les orateurs de 1831, ne trouverait plus le même accueil, on ne peut dissimuler la gravité des arguments qu'ils produisirent, ni s'abstenir d'une controverse historique où les faits mal étudiés ont pu tromper les meilleurs esprits.

Il est vrai que Moïse (*Deutéronome*, 24, 1), permet au mari de répudier sa femme s'il la trouve flétrie de quelque souillure, et que la loi des douze tables accordait au citoyen romain le même droit. C'est l'effet du pouvoir marital tel que l'antiquité le conçut, qui faisait asseoir l'époux comme juge au tribunal domestique, et mettait la femme à ses pieds comme une créature déchue, par conséquent fragile et dangereuse. Mais ce droit que le mari seul exerce n'a rien de commun avec le divorce dont la femme peut se prévaloir; s'il détruit toute liberté dans la société conjugale, il n'y institue pas l'anarchie; il conserve du moins l'unité de la famille en laissant au père le gouvernement et la charge des enfants. La répudiation est une menace de la loi dont les mœurs n'abusent point, puisque chez les Juifs on en voit peu d'exemples jusqu'au retour de la captivité, et que Rome vécut cinq siècles, les plus héroïques de son histoire, sans qu'aucun citoyen osât violer les auspices qui consacraient le mariage. Au contraire, quand le débordement des mœurs eut introduit le divorce mutuel, telle devint l'impuissance de la loi romaine, la plus sage cependant qui soit sortie de la main des hommes, qu'au temps de Sénèque les matrones comptaient les années par le nombre de leurs époux, au lieu du nom des consuls, et que plus tard elles poussèrent le progrès à ce point que saint Jérôme assista aux funérailles d'une femme qui avait eu vingt-deux maris.

Le progrès véritable était de rétablir l'égalité, non pas en armant la femme du libelle de répudiation, mais en désarmant le mari de ce pouvoir judiciaire que lui conférait la dureté de l'ancienne loi. Le christianisme donne à l'épouse bien plus que la liberté, il lui donne l'empire du cœur de l'homme ; il lui attribue sur la personne de son époux un droit que nulle législation n'avait reconnu ; il exige pour elle autant qu'elle accorde. Et voilà pourquoi les premiers disciples de l'Evangile, étonnés d'une doctrine si nouvelle, répondaient : « S'il en est ainsi des droits de la femme, « mieux vaut pour l'homme ne se marier jamais. » C'était pourtant le mariage chrétien, avec le dogme de l'indissolubilité, qui devait régénérer la famille et la société romaine, au moment même où les progrès du célibat dépeuplaient l'empire, en dépit des décrets qui encourageaient les justes noces et qui récompensaient la fécondité. Aussi l'histoire de l'Eglise n'a peut-être pas de spectacle plus attachant que cet effort de la famille chrétienne pour se constituer au milieu des résistances du paganisme qui survivait dans les lois longtemps après avoir péri dans les temples. Les Pères ne se lassent pas de combattre comme une tentation cette liberté du divorce que les fidèles trouvaient dans les constitutions des princes et dans l'enseignement des jurisconsultes. « Autres sont les lois des Césars, disait saint « Jérôme ; autres celles du Christ. Papinien a ses préceptes, mais « Paul, notre maître, a les siens (*Epist.* 72, *ad Oceanum*). » Saint Jean Chrysostôme ajoutait : « Ne me citez pas les lois qui ordon-« nent de signifier la répudiation et de rompre le mariage. Dieu « ne vous jugera point sur les lois des hommes, mais sur celles qu'il « a dictées (*De libell. Rep.*). » L'Eglise était si loin de recevoir, comme on l'a dit, en matière de divorce les maximes du droit civil que le deuxième concile de Milève, en 416, interdit aux époux séparés, au mari comme à la femme, de convoler à d'autres noces, et soumet les contrevenants à la pénitence publique. Ces temps sont l'âge d'or du Christianisme ; on ne leur reproche ni les superstitions ni les usurpations dont on noircit les siècles suivants. Et cependant la doctrine de l'indissolubilité y avait déjà toute sa force ; elle commençait à vaincre le relâchement des mœurs romaines, quand elle rencontra de nouveaux périls dans les instincts et dans les coutumes des conquérants barbares qui ouvrirent le moyen âge.

Le droit commun des peuples du Nord permettait la polygamie à leurs chefs. Les rois des Francs devenus chrétiens cherchèrent à retenir au moins le privilége de la polygamie successive, c'est-à-dire de la répudiation. De là ces exemples dont les défenseurs du divorce se sont prévalus ; ces rois de la première et de la seconde race se défaisant de leurs épouses et trouvant des évêques pour bénir l'adultère légal, comme on en trouva plus tard, pour bénir le duel judiciaire. Toutefois la discipline des premiers siècles conservait tant d'autorité, en 857, qu'un descendant de de Charlemagne, le roi Lothaire ayant répudié Thietberge, le pape Nicolas Iᵉʳ ne craignit pas de le dénoncer à l'indignation de l'univers. « Car nous ne souffrirons pas, disait-il, que le désordre é-« tende ses racines. Et qui donc empêcherait désormais les hom-« mes, quand ils seront las de leurs femmes, de les accabler de « persécutions jusqu'à ce qu'elles sollicitent la rupture du ma-« riage, ou de les contraindre par mauvais traitements à se décla-« rer coupables d'un crime capital. » On a beaucoup cité le divorce de Louis le Bègue : on oubliait que le souverain pontife Jean VIII, venu en France pour sacrer le roi, refusa de couronner la seconde épouse qui usurpait le nom de reine. Ainsi les papes commençaient à troubler la conscience des rois ; ils commençaient plus tôt qu'on ne pense communément, longtemps avant les efforts d'Innocent III pour séparer Philippe - Auguste de cette Agnès de Méranie qui a fait couler tant de larmes de théâtre : ils continuèrent avec plus d'opiniâtreté qu'on ne croit, jusqu'au temps où ils consentirent à voir le schisme d'Henri VIII, plutôt qu'à signer l'acte de son adultère. En effet, ils ne pouvaient rien de plus grand que de troubler ces consciences qui se croyaient au-dessus des lois ; que de laisser périr une province de l'Eglise plutôt que le dogme générateur de la famille chrétienne, plutôt que ce respect des femmes, qui fit la dignité des mœurs publiques au moyen âge et qui commença l'éducation de la société moderne. Dans ces querelles où l'on n'a voulu voir que les rivalités des deux puissances, nous trouvons qu'il s'agit de tout le spiritualisme chrétien, et de savoir qui restera maître du monde, l'esprit ou la chair. Il s'agit aussi de toute la liberté. Les papes savaient bien la faiblesse du cœur humain, et que si le libre arbitre n'a pas d'autre refuge, il tiendra difficilement contre les menaces et contre les séductions du dehors. Ils savaient, au contraire, tout ce que l'homme trouve de force dans ces liens du mariage et de la paternité qui le gênent, mais qui le soutiennent. C'est pourquoi ils s'attachaient à fortifier la famille, à la mettre sous l'empire du droit canonique, en la dérobant à l'arbitraire des lois civiles, à en faire comme un rempart où la liberté morale pourrait défier toutes les tyrannies.

En effet, le divorce fut si peu une loi de liberté, qu'il fit son avénement au seizième siècle, avec les doctrines qui niaient le libre arbitre dans l'homme, et qui rétablissaient la théocratie antique dans l'Etat. Quand Luther eut enseigné « qu'il est aussi im-« possible de se contenir que de se dépouiller de son sexe » il ne fallut plus s'étonner qu'il permît la répudiation, et qu'il descendît jusqu'à la polygamie des patriarches, en autorisant le landgrave de Hesse à épouser, sans préjudice de la land-

graviue, une autre femme, « pour certaines nécessités de corps et
« d'esprit. » Ce fut le divorce d'Henri VIII qui mit dans ses mains
le gouvernement de l'Eglise d'Angleterre, et le peuple le plus fier
de l'Europe consentit à rendre à ses rois le pontificat que le christianisme avait arraché aux Césars. Voilà les origines du divorce
dans les communions protestantes. L'Eglise grecque, sur une fausse
interprétation de l'Evangile, avait aussi voulu conserver au mari
la faculté de répudier la femme adultère : elle a éprouvé ce qu'il
en coûte à une société imprévoyante, de n'avoir pas su faire une
garde assez jalouse autour du sanctuaire de la famille. Les czars de
Russie, les hospodars des principautés du Danube ont disposé de
la durée du mariage, trafiqué des femmes et des filles de leurs sujets et réduit l'aristocratie schismatique à une dégradation de
mœurs qui fait la force de ses maîtres. En ce qui touche la Pologne, il n'est pas vrai que l'Eglise y ait jamais toléré le divorce.
Sans doute le mauvais exemple des peuples voisins avait altéré
dans la noblesse polonaise la discipline du mariage ; mais au lieu
de la rupture de l'union conjugale que les tribunaux ecclésiasti-
ques n'ont jamais prononcée, on en plaidait la nullité, on la prou-
vait par des empêchements dirimants ménagés d'avance ; et, par
une procédure abusive que les papes ont sévèrement condamnée,
on sauvait le principe en satisfaisant les passions. Mais le Ciel
ne bénit pas ces faiblesses publiques d'un grand peuple, et la Pologne a trop cruellement expié, selon la parole de Pie IX, ces trois
scandales du mariage profané, du servage perpétué et de l'oppression des Grecs-Unis.

Il fallait ce retour sur le passé pour s'assurer si la loi de l'indissolubilité du mariage fut l'œuvre d'une politique de quelques siècles,
resserrée dans les bornes de la France, de l'Italie et de l'Espagne,
c'est-à-dire dans un coin de l'univers ; si le divorce est au contraire
le droit commun de l'antiquité civilisée et des sociétés modernes.
Il fallait connaître quelle place les deux lois tiennent dans l'histoire avant de savoir celle qu'on leur doit dans nos institutions.

La liberté que l'Etat doit aux cultes ne consiste pas à autoriser
tout ce qu'ils tolèrent ; mais à ne point ordonner ce qu'ils défen-
dent, à ne pas défendre ce qu'ils ordonnent. Si la morale publique
devait descendre au niveau de toutes les religions qui se partagent
le territoire, depuis le jour où la France compte quinze cent mille
sujets musulmans, elle aurait dû introduire la polygamie au code
civil ; et l'on ne voit pas de quel droit elle interdirait au Français
qui voudrait faire profession de foi mahométane d'avoir à Paris son
harem avec sa mosquée. Alors aussi les quinze cent mille protestants
français auraient droit de dresser pour eux la tente des patriarches, de donner le libelle de répudiation et de dire comme Luther :
« Si la maîtresse ne veut pas, que la servante vienne ! » Mais nous
devons aux protestants français cette justice de reconnaître qu'en
matière de mariage ils professèrent presque toujours une sévérité
de sentiments qui les honore ; que sous le régime de l'édit de Nantes
leurs magistrats punissaient le divorce, que leurs moralistes les plus

graves le réprouvent, et qu'enfin le petit nombre de pétitions qui le réclament ne vient pas d'eux. La liberté religieuse n'a donc rien à souffrir de la législation présente. Au contraire le rétablissement du divorce la menacerait, en punissant, dans un cas possible, l'acte même dont la religion ferait un devoir. Si deux époux, égarés par les conseils de la passion et par les tentations de la loi, après un divorce de plusieurs années, cèdent aux menaces du catholicisme, qui leur ordonne de pardonner et de renouer les liens qu'il avait bénis; l'article 295 du code civil leur déclare que les époux divorcés ne peuvent plus se réunir : leur réconciliation, aux yeux de la loi, n'est plus qu'un désordre, et les enfants qui viendront y mettre le sceau naîtront bâtards.

En repoussant le divorce au nom de la liberté, les catholiques ne cachent pas dans leur cœur la pensée du pouvoir : Ils n'ont pas ce désir qu'on leur suppose d'introduire leur dogme dans le droit public du pays, et de donner encore une fois à l'Eglise le royaume de ce monde, qu'en d'autre temps elle a payé trop cher. Si les catholiques n'acceptaient pas l'ordre de la société nouvelle qui sépare l'Eglise de l'Etat, s'ils regrettaient quelqu'une des institutions modernes, ce serait assurément celle du mariage civil qui enlève au prêtre l'honneur d'être le magistrat de la société domestique. Tout leur effort serait donc d'affaiblir le mariage civil, et à cet égard, rien ne les servirait mieux que le divorce. Le jour où l'union conjugale conclue devant l'officier public ne serait plus qu'un marché à terme que l'intérêt ou la passion pourrait résilier, quel père, quelle mère jaloux de l'honneur de leur fille voudraient la donner à tout autre qu'à un homme que sa foi enchaînerait au serment prêté devant l'autel? Alors se feraient peu à peu deux peuples : l'un de ces familles mobiles, dont la loi lierait et délierait les engagements, où il n'y aurait ni dignité pour les époux, ni éducation pour les enfants, ni discipline pour la société : l'autre des familles chrétiennes, qui garderaient toutes les traditions du mariage et de la paternité antiques, l'indissolubilité, la stabilité, tout ce qui fait la pureté des races, et à la longue leur puissance !

Mais nous repoussons cette consolation impie, et quand nous demandons l'indissolubilité de la famille, à Dieu ne plaise que nous voulions le divorce dans la nation !

III.

La proposition du divorce, écartée par la résistance de la chambre des pairs, de 1831 à 1835, devait se reproduire en 1848, avec les motifs nouveaux que demandait la nouveauté des temps. Elle s'est annoncée comme le couronnement nécessaire des institutions démocratiques. Ses défenseurs ont pour eux les souvenirs de 1792, ils ont contre nous l'autorité d'un nom honoré des catholiques, M. de Bonald. Ce publiciste ne trouve pas d'accusation plus concluante contre le divorce que d'en faire l'inévitable conséquence du gouvernement populaire, et une sorte de démocratie domestique. On ne peut nier que ces considérations, éloquemment développées, n'aient concouru à faire supprimer le divorce en 1816, au retour de la royauté proscrite. Elles semblent décisives pour le rétablir au moment où la démocratie entraîne la France et l'Europe sous des lois que plusieurs peuvent trouver dures, mais qu'il faut bien reconnaître irrésistibles.

Nous n'aurons jamais l'injustice d'oublier les services de M. de Bonald et de cette école qui se forma autour de lui pour la défense de la tradition religieuse. Mais, par le penchant des meilleurs esprits à conclure du spirituel au temporel, il arriva que les apologistes de l'autorité de l'Église se crurent engagés au service du pouvoir des rois. Pour nous, c'est précisément parce que l'Église satisfait le besoin d'autorité qui n'abandonne jamais le cœur des hommes, que nous voulons dans la société civile cette liberté dont le besoin ne leur laisse pas non plus de repos. Voilà le point qui nous sépare des publicistes de la restauration, et pourquoi nous repousserons le divorce, non comme la conséquence, mais comme la ruine de cette démocratie chrétienne dont nous voulons être les serviteurs.

Nous n'avons fait qu'une bien rapide histoire du divorce, mais suffisante pour savoir qu'aucune institution n'eut des origines moins démocratiques. Au moyen âge ce sont les rois qui réclament le privilége de répudier leurs femmes, soit pour cause de stérilité, soit pour former des alliances plus avantageuses, soit que leurs passions veuillent profiter de cette maxime des légistes : « Que le prince est au-dessus des lois. » Au contraire, quand l'Église leur résiste, quand prenant fait et cause pour l'épouse délaissée elle met le royaume en interdit, elle n'est que l'interprète de la conscience des peuples indignés. Pendant que Philippe-Auguste tenait la triste Ingeburge prisonnière au château d'Étampes, le peuple de Paris se déclarait hautement pour elle, comme plus tard il jetait de la boue aux carosses qui promenaient les maîtresses d'Henri IV. Dans le protestantisme le divorce n'est qu'une suite de cette politique aristocratique qui a prolongé la durée de la féodalité en Angleterre et en Allemagne, et qui l'aurait perpétuée en France, si le parti protestant, recruté dans la noblesse, n'avait plié devant l'élan populaire de la Ligue et sous le sceptre niveleur de Richelieu. Il avait fallu permettre la rupture du mariage comme le moyen de perpétuer l'hérédité, de multiplier les liens, de relever la fortune de ces maisons puissantes, par l'autorité desquelles, comme le dit le protestant Jurieu, la réforme s'était faite et devait se maintenir. Voilà pourquoi les lois anglaises rendent la procédure du divorce tellement coûteuse, qu'elles en réservent la prérogative à ce petit nombre de familles maîtresses du sol et des destinées de la Grande-Bretagne. Pour en venir à la révolution française, le divorce était si peu dans son génie, que parmi tant de cahiers présentés aux États-généraux, un seul en exprimait le vœu, et c'était le cahier du duc d'Orléans, c'est-à-dire du plus fidèle représentant des traditions de la régence. La loi de 1792 fut l'œuvre non de la démocratie, mais de cette philosophie matérialiste du dix-huitième siècle, nourrie dans les petits soupers des favorites, et qui avait appris le mépris du mariage au pied de l'alcôve de Louis XV.

Aujourd'hui, qui demande l'abrogation de la loi de 1816 ? Une école de jurisconsultes voués à une admiration superstitieuse du Code civil, et inconsolables d'en avoir vu déchirer une page. Je ne parle pas de ceux pour qui le divorce ne serait, comme on l'a dit, qu'un nid à procès, ou tout au moins une occasion de s'ingérer dans les plus secrets mystères des familles, et d'y étendre une influence qu'apparemment on n'a pas voulu ôter aux prêtres pour la donner aux gens de loi. Qui encore ? Des écrivains de romans qui, après avoir versé les larmes dorées de leurs feuilletons sur le malheur des femmes incomprises, après avoir goûté pendant quinze ans la popularité lucrative des boudoirs et des cabinets de lecture, ambitionnent la gloire des législateurs, et se croient appelés à faire les institutions d'une société qui a bien voulu leur laisser faire ses passe-temps. Qui enfin ? Une classe d'hommes désireux de conserver l'honneur du mariage sans en garder les charges, trop accoutumés à le traiter comme une affaire, pour ne pas s'en ménager la rupture, trop faibles pour supporter la pensée d'un engagement éternel, la pensée d'un devoir douloureux, la pensée d'un sacrifice, c'est-à-dire la seule pensée qui honore la vie et rend la terre habitable aux gens de cœur ! Nous ne faisons pas au peuple l'injure de le flatter. Mais nous lui devons ce témoignage, que le cri du divorce n'est pas sorti des barricades du 24 février, ni de ces colonnes d'ouvriers qui pendant deux mois ont assiégé le perron de l'Hôtel-de-Ville, ni des délégués des travailleurs pressés sur les bancs du Luxembourg. Nous connaissons les torts du peuple de Paris, il les connaît lui-même. Il sait qu'il ajourne trop souvent l'acte qui rend l'union de l'homme et de la femme respectable devant Dieu et devant les hommes. Mais il sait trop la sainteté de ce serment qu'il diffère et qu'il redoute, pour le remplacer par la fiction légale d'un mariage dissoluble. Il veut des institutions meilleures que lui, et il n'a pas encore ce besoin des sociétés dépravées, de se passer de principes en sauvant les bienséances, et de se consoler des mauvaises mœurs par de mauvaises lois.

Nous ne voyons pas non plus que la loi du divorce ait rien de démocratique dans son esprit, si l'esprit de la démocratie est de maintenir l'égalité, de contenir les forts, de garantir les faibles. C'est aussi là ce qui fait la popularité de la démocratie en France, dans ce pays plus jaloux de l'égalité que de la liberté même, qui eut toujours en horreur l'abus de la force, qui arma autrefois la chevalerie pour la protection de toutes les faiblesses. Mais que fait au contraire le divorce, sinon de prendre le parti du plus fort, c'est-à-dire du mari contre la femme, des époux contre les enfants ? Vainement la loi s'applique à présenter le divorce comme un droit égal ouvert aux deux conjoints ; la nature des choses en fait un privilège dont la femme ne peut ni exercer toute la plénitude, ni recueillir tout le profit. Et d'abord en ce qui touche la demande, l'article 239 du Code civil introduit déjà l'inégalité en n'accordant à la femme le divorce pour cause d'adultère « qu'autant que le mari a tenu la concubine dans la maison commune. » Qui ne sait d'ailleurs tout ce qu'endurera la pudeur de l'épouse avant de subir l'humiliation des comparutions en personne que la loi (art. 248) exige à chaque acte de la cause, avant de livrer aux tribunaux le secret de ses pleurs, et de fournir la preuve des excès, sévices et injures graves, destinés à devenir les déplorables titres de sa liberté? En second lieu, quelle égalité dans les suites du divorce, entre le mari qui vit de son travail, qui souvent voit grandir avec l'âge sa fortune, sa considération, sa destinée; et la femme qui n'a jamais qu'à perdre au cours des ans s'ils ne multiplient pas autour d'elle les affections et les respects de la famille, qui a été condamnée à enfanter avec douleur, mais non pas à manger son pain à la sueur de son front, et qui en épuisant ses forces dans les douleurs de la maternité, n'en a pas assez gardé pour suffire au besoin de l'isolement? Pour le divorce par consentement mutuel, qui ne voit ce que voyait déjà ce vieux pape du moyen âge que nous citions, et quels moyens auront les hommes las de leurs femmes de leur rendre souhaitable la rupture du mariage?

Mais quand les deux époux s'accorderaient sincèrement à demander la dissolution du contrat conjugal, nous ne reconnaîtrions dans leur accord qu'une conspiration des forts de la famille contre les faibles, c'est-à-dire contre les enfants, et la loi paraît ici plus impuissante que jamais à exercer la protection qu'elle doit aux opprimés. Elle n'a pas permis au magistrat de prononcer le divorce avant d'avoir fait comparaître les conjoints, assistés chacun de deux amis et munis du consentement de leurs pères, mères et ascendants vivants (art. 281-286). Les seules personnes qu'elle ne consulte pas sont les plus intéressées, celles dans l'intérêt desquelles le contrat fut conclu, qui ne peuvent que perdre à sa rupture. Elle a raison assurément de leur épargner la douleur de l'interrogatoire et le scandale des débats; mais elle se trompe en croyant pourvoir à leurs intérêts par les articles qui conservent aux parents divorcés le droit de surveiller l'éducation des enfants et le devoir de contribuer à leur entretien (303-305). Le droit des enfants va plus loin que le pouvoir du législateur. Ils réclament autre chose que ce pain amer de la séparation, dont chacun des époux divorcés peut en effet leur donner la moitié; autre chose que les leçons des maîtres qui se paient à prix d'or. Ils ont droit à cette éducation de tous les jours et de toutes les nuits, pour laquelle Dieu n'a pas cru que ce fût trop de réunir les deux vies d'un père et d'une mère; ils ont droit à cette société de la famille que la mort même ne peut rompre sans qu'on ressente une pitié infinie pour les orphelins auprès de qui toute la tendresse de l'époux survivant ne réparera jamais l'absence de l'autre.

Il faut achever, et pour juger le divorce comme institution démocratique, il faut descendre à l'application de la loi, c'est-à-dire du titre VI du code civil, la plus sage législation qui soit en cette matière, et la seule praticable, si l'on veut conserver au mariage un reste de dignité, un reste de contrainte aux passions. Les rédacteurs du code civil, ces juges sévères du cœur humain, avaient pensé rendre le divorce rare en le rendant dispendieux. Ce n'est pas ici le lieu de dresser le tableau des frais d'une instance en dissolution de mariage. Mais il suffit de parcourir les soixante articles qui en règlent la procédure (234-294), de calculer tout ce qu'elle exige d'inventaires, de comparutions avec assistance d'avoué, de pièces fournies, d'enquêtes, de procès-verbaux, de jugements interlocutoires ou définitifs, tout ce qu'elle permet d'incidents, de défauts, d'appels et de pourvois ; pour se figurer avec un peu d'habitude du palais, le formidable chiffre auquel s'élèvera la taxe. Ce signe n'est pas celui d'une institution populaire. Et ne dites pas qu'on y pourvoira en rendant la justice gratuite pour les pauvres : car combien de citoyens consentiront à recevoir la justice comme une aumône ? ni en rendant la justice gratuite pour tous : car vous ne voulez pas inaugurer le règne de la fraternité universelle en déchaînant sur la société le déluge des procès que la crainte salutaire du tarif ne contiendrait plus.

Écartez d'ailleurs tout calcul pécuniaire et ne considérez que la perte du temps. Comptez les journées consacrées en formalités préparatoires du divorce par consentement mutuel, en présentations devant le juge, en production d'actes de naissance, de mariage, de consentements paternels et maternels quatre fois renouvelés ; n'oubliez pas les démarches sans nombre auprès de l'avoué poursuivant, des deux notaires instrumentants, du juge commis, du ministère public, jusqu'à l'heureux moment où les conjoints comparaîtront devant l'officier de l'état civil, pour ouïr dire qu'ils sont désunis ; et vous conviendrez que le divorce n'est guère fait que pour ces existences désœuvrées, qui ne comptent ni les ans ni les jours, qui ont le loisir de se créer des affaires de cœur et le besoin d'en occuper la justice. Mais quand la nécessité d'un travail qui ne connaît plus de jours de repos, rend si onéreuses au peuple les formalités mêmes du mariage ; quand la difficulté de produire les pièces requises retarde la légitimation de tant d'unions irrégulières, au point qu'il a fallu l'établissement d'une société de bienfaisance *pour le mariage des ouvriers*, pense-t-on que le peuple trouve, pour rompre ses unions, le temps qui lui manque pour les faire bénir, ou qu'il se formera, tôt ou tard, une société semblable *pour le divorce des pauvres ?* Et quand enfin toutes les difficultés seraient aplanies, ne resterait-il pas celle d'assurer l'entretien des enfants ? Sans doute, l'article 305 y pourvoit, en affectant à cet emploi la moitié des biens des époux divorcés. On reconnaît assez que le Code ne songe point à ceux qui n'ont pas de biens, à ceux dont les fatigues réunies, dont les privations communes suffisaient à peine aux besoins d'une seule famille, qui ne supporteront jamais le poids de deux ménages, et qui, en se dérobant au devoir paternel, ne laisseraient de prise à la justice, ni sur leur misérable avoir, ni sur leur personne. Avouons plutôt que le législateur n'eut jamais la pensée d'écrire une loi démocratique. Il savait qu'une loi plus populaire que la sienne, celle du travail, en faisant au grand nombre des hommes une condition rigoureuse, leur faisait aussi une vie plus supportable que celle des oisifs, et les préservait du danger des heures vides où les passions ont le temps non-seulement de se satisfaire mais de se justifier. En effet, le divorce resta le privilége des grands. Une défaveur accablante le poursuivait à tous les degrés de la société française; les ouvriers de Paris le pratiquèrent peu, de même qu'ils usent peu du bénéfice de la séparation de corps; il trouva plus de résistance encore dans les mœurs des campagnes, et dans l'espace de quatorze ans le département de l'Aveyron n'en connut que deux exemples.

Le divorce, réprouvé par l'expérience et par le progrès des temps, ne serait donc plus aujourd'hui qu'un anachronisme. Le divorce n'est pas la loi de la démocratie : c'est celle de ce vieux libéralisme qui eut toujours plus de haine pour la Religion que d'amour pour la liberté, qui ne sut que détruire, et qui s'attacha à la ruine des institutions comme la philosophie du dix-huitième siècle au renversement des croyances. Tel ne se montre point le génie de la démocratie ni chez les grands esprits qui la servent, ni dans la foule qu'elle entraîne. Quand ce peuple, maître d'une des plus opulentes villes de l'univers, où il n'a ni brûlé un palais ni renversé une statue, ne demande à ses chefs qu'une seule chose, l'*organisation*, il se peut qu'il ne comprenne pas toute la difficulté ni toute la lenteur nécessaire de l'entreprise; mais assurément il sait qu'il est las de ruines; il a hâte de reconstruire. Et comme c'est le propre de la démocratie de reconstruire par en bas, elle commencera par la famille, c'est-à-dire par l'institution qui est celle de tous, qui rend les hommes égaux puisqu'elle leur donne les mêmes titres sacrés, les mêmes devoirs et les mêmes joies; qui les rend libres, puisque le propre de l'esclavage était de n'avoir point de foyer; qui leur apprend enfin à se traiter en frères. La révolution s'est faite contre l'égoïsme : il faut que l'esprit de sacrifice la consacre. La révolution s'est faite contre la corruption, c'est-à-dire contre une société relâchée, qui n'avait plus le courage de détester le mal, qui avait des emplois pour l'habileté sans foi, et des honneurs pour le talent sans vertu. La révolution ne peut finir que par l'avénement d'une société nouvelle sortie du travail, des privations, de tout ce qui a coutume de raffermir les consciences et les caractères. Cette société est pauvre, elle est laborieuse, il ne lui reste qu'à être chaste pour avoir tout ce qui fait les nations fortes. Il faut qu'elle demande des lois sévères, qu'elle grandisse dans de mâles habitudes, et qu'elle tienne ainsi les promesses de la Providence. Car la Providence, souverainement économe, n'a pas prodigué les événements de ces trois derniers mois pour préparer un ouvrage médiocre. Et le Dieu, « qui n'efface que pour écrire » ne b   (
les peuples que pour les régénérer.

Typographie de E. V. Le Normant et Cie, rue de